JULES ROCHE
DÉPUTÉ, ANCIEN MINISTRE

L'Alsace-Lorraine
Terre de France

PAYOT & CIE, PARIS
106, BOULEVARD SAINT-GERMAIN

1918
Tous droits réservés

Prix : **1 fr.**

L'Alsace-Lorraine
Terre de France

DU MÊME AUTEUR

Quand serons-nous en République ? Un vol.
in-16 . . . . **4 fr. 50**

Tous droits de traduction, de reproduction et d'adaptation
réservés pour tous pays

JULES ROCHE

DÉPUTÉ, ANCIEN MINISTRE

L'Alsace-Lorraine Terre de France

PAYOT & CIE, PARIS
106, BOULEVARD SAINT-GERMAIN, 106

1918
Tous droits réservés.

I

L'Alsace-Lorraine, Terre de France

Il faudrait fermer volontairement les yeux pour ne pas remarquer une étrange ressemblance entre la campagne de propagande reprise par les Allemands au sujet de l'Alsace-Lorraine et celle des Socialistes sur le même sujet. Sans doute une apparente différence distingue l'une de l'autre ; les socialistes veulent bien reconnaître comme légitime la « désannexion » de l'Alsace, mais ils réclament en même temps comme nécessaire un plébiscite Alsacien. Que ce soit *avant* ou *après* la « désannexion », ils tiennent cette formalité pour indispensable, — ce qui revient à considérer l'Alsace comme n'étant pas une partie intégrante de la France, une cellule constitutive, sans laquelle la Nation ne disposerait plus que d'un corps mutilé.

Or, cette thèse est précisément celle que les « apôtres » Teutoniques s'efforcent de répandre en ce moment avec un zèle singulier parmi les Neutres, même parmi nos Alliés. J'ai eu plus d'une fois, depuis quelque temps, l'occasion de répondre à certaines observations présentées à cet égard dans des conditions qui m'ont surpris.

« L'Alsace, — me disait-on, — a été conquise assurément de la façon la plus violente par les Allemands en 1870, et doit, par conséquent, revenir à la France ; mais n'avait-elle pas appartenu primitivement, de façon naturelle, à l'Allemagne et n'est-ce point par la conquête qu'elle avait été réunie plus tard à la France ? »

Or, c'est là, logiquement, le principe même de la doctrine des socialistes de nationalité française, — (mais non d'esprit français), — qui se trouvent ainsi en parfaite communion morale avec les plus enragés Pangermanistes. Indépendamment des motifs supérieurs qui condamnent cette thèse, elle est d'une fausseté matérielle vraiment surprenante ! Le plus mauvais élève du moins capable instituteur primaire devrait ne pas commettre une aussi monstrueuse erreur historique et géographique. En effet, aussi loin qu'il soit possible de remonter dans le passé, la *Gaule*, — c'est-à dire la *France*, — comprit toujours, dans le cadre de ses limites, le territoire qui lui a été arraché en 1871.

Pour apercevoir en toute évidence la réalité matérielle de ce *fait*, il suffit de lire l'histoire de la conquête que fit César du territoire alors appelé *Gaule* et qui n'en était d'ailleurs que la plus grande partie, l'autre partie étant déjà occupée par les Romains et appelée par eux non plus *Gallia* mais « *Provincia* » comprenant non seulement les territoires qui ont conservé le nom de *Provence*, mais ceux du Languedoc, du Dauphiné, du Lyonnais, etc...

Lorsque, l'an 59 avant Jésus-Christ, César *entra en Gaule*, en passant par Genève, quelle était la *frontière occidentale* des Germains, c'est-à-dire des Allemands, et par conséquent, de *quel pays faisait alors partie l'Alsace-Lorraine ?*

César va répondre lui-même dans ses « *Commentaires sur la Guerre Gauloise* ».

⁂

« Toute la *Gaule* est divisée en trois par-
« ties, — (« *Gallia est omnis divisa in partes
« tres* »),—dont l'une habitée par les Belges,
« l'autre par les Aquitains, la troisième par
« ceux qui, dans *leur langue*, se nomment
« **Celtes** (*Celtœ*), *et dans la nôtre* **Gaulois**
« (*Galli*). Les *Gaulois* sont séparés des Aqui-
« tains par la Garonne, des Belges par la
« Marne et la Seine. Les Belges sont les plus
« braves, parce qu'ils restent tout à fait
« étrangers à la politesse et à la civilisation
« de la « *Province* », et que les marchands,
« allant rarement chez eux, ne leur impor-
« tent pas ce qui contribue à énerver le cou-
« rage.

« D'ailleurs, *voisins des* **Germains** qui
« **habitent AU-DELA DU RHIN**, —
« (« *Germanis, qui trans Rhenum inco-*

« *lunt* »), ils sont continuellement en guerre
« avec eux. Par la même raison, les Helvè-
« tes surpassent aussi en valeur les autres
« Gaulois ; car ils engagent contre les Ger-
« mains des luttes presque journalières, soit
« qu'ils les repoussent de leur propre terri-
« toire, soit qu'ils envahissent celui de leurs
« ennemis. Comme nous l'avons dit, **le
« pays habité par les GAULOIS** com-
« mence au Rhône, est borné par la Garonne,
« l'Océan, les frontières des Belges, et du
« côté des Séquanes et des Helvètes **IL VA
« JUSQU'AU RHIN**, — (« *attingit flu-
« men Rhenum* ») ».

⁂

On vient de le voir : — l'Alsace-Lorraine
faisait partie de la **Gaule**, — (**Gallia**) —

c'est-à-dire de la **France,** qui n'était pas alors tout entière *latinisée* comme l'était déjà la « **Provence** », mais qui allait bientôt, sans rien perdre de son génie Celtique, s'assimiler cet incomparable patrimoine intellectuel et moral formé pendant des siècles d'efforts par Athènes et par Rome ; qu'elle a ensuite si magnifiquement enrichi, et qui est aujourd'hui, sous le nom de **civilisation latine,** celui du monde entier, — excepté des Barbares acharnés à le détruire.

Ainsi, quelque ancienne que soit l'époque où l'on examine « *l'état civil* » de l'Alsace-Lorraine, on le trouve essentiellement « **Français** » et **nullement** « **Germanique** ».

Mais ce qui apparaît, d'une manière non moins claire et certaine, c'est la cupidité et la perfidie des Indigènes de l'autre côté du Rhin, qui n'ont pas attendu Bismarck ni

Hindenburg pour chercher par tous les moyens à s'emparer de l'Alsace-Lorraine !

Déjà, il y a *plus de mille cinq cents ans* (exactement 1.562 ans), l'an 356 après J.-C., les hordes Germaines avaient envahi la France bien plus complètement qu'aujourd'hui, qu'en 1870, qu'en 1814, et que jamais ; elles *l'occupaient de toutes parts*, — (« *Germanicis urdique circumfrementibus minis* ») ; l'Empereur Constance y envoya le Consul Julien pour la délivrer de ces Barbares. Tour à tour Lyon, Sens, Autun, Auxerre, Troyes, Reims, avaient souffert ; mais les plus redoutables forces ennemies étaient concentrées vers *Argentoratum (Strasbourg)*, — déjà ! — Elles comprenaient les armées de plusieurs rois allemands, — (« *Allamannorum reges* »), — dont les principaux étaient *Chnodomaire, Vestralpe, Sé-*

rapion, Suomaire, etc... Parmi eux se distinguait surtout *Chnodomaire*, « qui se donnait
« un mouvement prodigieux, allant, venant,
« se multipliant, toujours le premier quand
« il s'agissait d'un coup de main, plein de
« cette confiance qu'inspire l'habitude du
« succès. »

Ce roi et Sérapion étaient les deux plus puissants et plus redoutables chefs de la « *belliqueuse et féroce armée* » vers laquelle Julien, après d'heureux combats, comprit qu'il fallait porter tous ses efforts pour obtenir la victoire décisive.

A marche rapide, il arriva enfin devant Strasbourg, où de nouveaux renforts allemands venaient de se rendre, ayant employé « *trois jours et trois nuits à traverser*
« *le Rhin* », — (« *per triduum et trinoctium*
« *flumen transisse Germanos* »).

Voilà donc bien clairement l'Alsace-Lorraine « Terre de France », par les démonstrations de l'histoire, aussi nettement que par les lois de la nature et la volonté de ses habitants, encore invariablement, pendant plus de 400 ans après J.-C., sous le règne de l'Empereur Constance et sous le Consulat de Julien, comme pendant des siècles avant César.

Et, qui a voulu *ravir* ce territoire à son voisin ?

Lequel des deux pays, de l'Allemagne et de la France, a volé l'Alsace ? — C'est le *Germain* et non pas le *Gaulois !*

Et rien n'a jamais pu changer l'état naturel et légitime des choses.

On le revoit confirmé à toutes époques, sous les Mérovingiens comme sous les Carlovingiens, lorsque la *Gaule* s'est consolidée en *Royaume de France*. A aucun moment l'Alsace-Lorraine n'apparaît comme *terre* « Ger-

manique » ! Elle reste toujours « *Française* » comme elle était restée « *Gauloise* ». Le mot seul a changé, mais désignant le même objet, la même réalité vivante. — Rien ne nous sera plus aisé que de le montrer après Julien comme plusieurs siècles avant lui.

Les indications précédentes ne laissent ignorer à aucun de nos lecteurs que l'Alsace-Lorraine a fait partie de la France depuis qu'elle existe, — comme le cœur ou les poumons, ou les bras, ou tout autre organe et tout autre membre font partie intégrante du corps d'un homme depuis sa naissance.

Sans doute son corps peut subir telle ou telle mutilation sans perdre toute sa vie, mais elle en est diminuée dans son intensité, — et le membre séparé ne peut devenir partie du corps d'aucun autre homme ; la Nature ne le permet pas.

De même, il est vrai que plusieurs fois les

Teutons sortirent de leur forêt Hercynienne, franchirent le Rhin et arrachèrent du corps de la France une portion de la rive gauche de ce fleuve, mais ils ne purent jamais la métamorphoser en membre de leur propre corps, et, à un autre point de vue, leur obstination ne saurait avoir transformé un acte criminel en acte légitime, une œuvre de *force* en œuvre de *droit*.

Cela dit, comment se présente la série des changements dont l'Alsace a été le théâtre, non point dans sa situation territoriale, qui est immuable, mais dans les *Pouvoirs* qui l'ont naturellement gouvernée, ou dominée par les armes ?

Ainsi que nous l'avons montré, dès son apparition dans l'histoire, l'Alsace, qui est par la Nature une partie de la *Gaule*, est aussi, pendant des siècles, habitée uniquement par des *Gaulois*, aucun point de son territoire n'étant occupé par les *Germains*, qui se trouvent tous *de l'autre côté du Rhin*, sur le territoire de leur origine, *limité* rigoureusement à *l'ouest* par ce fleuve.

« La *Germanie* tout entière **commence au « Rhin »**,— (et plus loin, parlant des *Gaulois* et des *Germains*), — « ces deux peuples habi-
« tent des contrées limitrophes, *séparées*
« *uniquement* **par le Rhin**, si ce n'est que
« la *Germanie* est plus septentrionale... » ;
— (plus loin encore, insistant sur cette précision), — « **De l'autre côté du Rhin**, tout
« de suite après les *Celtes* ou *Gaulois*, on
« rencontre, en allant *vers l'Est, la nation*
« *des Germains... Une première division* de
« la GERMANIE comprend le pays qui *borde*
« *le Rhin* depuis sa source jusqu'à son em-
« bouchure, et l'on peut dire que ce *terri-*

« *toire* riverain forme **le côté occidental**
« **de ce pays.** »

Ainsi écrivait, dans les dernières années avant Jésus-Christ, le grand géographe Strabon. Mais, s'il est indiscutable que tel fut, pendant de longs siècles, l'état naturel et historique des choses, nous sommes les premiers à reconnaître que les Germains s'efforcèrent, dès qu'ils le purent, de prendre pied sur la terre de France, en franchissant le Rhin. — Victorieusement repoussés, ils renouvelaient leurs tentatives, échouant de nouveau, — et ainsi de suite, depuis leurs premiers essais infructueux avec Arioviste ; toujours battus, persistant dans leur cupidité, jusqu'au jour où ils furent enfin écrasés sur leur propre territoire, près de Cologne, l'an 496 après Jésus-Chist.

Les terribles coups de Clovis ne suffirent pas cependant pour réduire à néant l'ambition Teutonique ; mais l'Alsace et la Lorraine restèrent « **terre de France** », au point de vue de la race de leurs habitants et de leurs gouvernants, comme au point de vue de l'état géographique, indestructible, excepté par une de ces *Révolutions du Globe* dont le récit appartient aux Cuvier plutôt qu'aux Michelet. Aussi les voit-on, depuis Clovis, comprises dans cette portion du ROYAUME DE FRANCE, désignée parmi les partages successifs de ses héritiers sous le nom de *Royaume* d'AUSTRASIE.

Bien plus, ce Royaume, — (dont les souverains portaient seuls le titre de « ROI DES FRANÇAIS » et qui avaient choisi pour leur *capitale* la ville de METZ), — non seulement comptait dans son cadre l'Alsace-Lorraine, mais **s'étendait sur la rive droite du Rhin** *jusqu'à la hauteur de l'Escaut !*

Il faut arriver jusqu'après la mort de

Louis IV *d'Outremer*, Roi de France, survenue en **954**, pour voir l'Alsace tomber sous la domination de l'Allemagne et faire partie de son Empire sous la désignation de « Cercle du Haut-Rhin ».

De ce rapide résumé, il ressort donc avec évidence que la thèse des *Plébiscitaires* sur l'Alsace-Lorraine comme ayant été *conquise* par les Français, au lieu d'avoir fait essentiellement partie de la France depuis l'origine, ne peut même pas supporter sérieusement l'examen ; — et les observations que nous avons présentées sont loin d'être les seules qui surgissent elles-mêmes devant les yeux dès qu'on regarde plus complètement la question en la suivant jusqu'à nos jours.

II

La Restitution de l'Alsace-Lorraine

On a vu comment ce ne fut que plus de mille ans après leurs premières entreprises historiques que les Germains devinrent maîtres de l'Alsace-Lorraine. Encore leur domination ne fut-elle pas aussi complète que le mot l'implique. Les trois villes et évêchés de Metz, Toul et Verdun, ainsi que leurs immenses domaines, conservèrent particulièrement leur personnalité et un esprit d'indépendance qui devaient ramener le premier leur territoire à la mère-patrie : ce fut, comme on le sait, l'œuvre d'Henri II en 1551.

Elle fut sensiblement étendue en Alsace,

sous Louis XIII, pendant la Guerre de Trente Ans, vers l'année 1630 et les suivantes, par le Maréchal de Guébriant avec le concours des Suédois, et la reprise bien complète de l'ALSACE-LORRAINE fut consacrée par le *Traité de Westphalie* le 24 octobre 1648.

Les conséquences politiques de ce Traité furent si grandes et sa teneur a conservé, précisément dans les circonstances actuelles, une telle portée qu'il est nécessaire d'en reproduire les passages essentiels, — d'autant plus qu'ils sont moins connus du public.

Les voici, d'après le *Recueil* publié en 1693 :

⁂

TRAITE DE PAIX, signé à *Munster* en Westphalie, le 24 octobre 1648, par les Ambassadeurs Plénipotentiaires de leurs Majestés IMPÉRIALE et Très-Chrétienne et les Députés extraordi-

naires des ELECTEURS, PRINCES et *Etats* du SAINT-
EMPIRE ROMAIN.

Au nom de la Très-Sainte et Indivisible Trinité :

Soit notoire à tous, et à chacun de ceux qui y ont ou peuvent avoir quelque intérêt, que les dissensions et les troubles arrivés dans le Saint-Empire depuis plusieurs années, n'ayant pas seulement enveloppé toute l'*Allemagne*, mais s'étant répandus jusque dans les Royaumes voisins, et surtout dans la *France*, et ayant fait naître une longue et rude guerre ;

Premièrement entre le Sérénissime et *très-Puissant* EMPEREUR FERDINAND II, *Roi de Germanie, Hongrie,* Bohême, Dalmatie, Croatie, Esclavonie, Archiduc d'Autriche, etc...

... Et le Sérénissime et *très-Puissant* Prince et Seigneur Louis XIII de glorieuse mémoire, Roi *très-Chrétien* de FRANCE *et de Navarre* et ses Alliés, d'autre part ;

Et puis, après leur décès, entre le Sérénissime et Très-Puissant Empereur FERDINAND III, *Roi de Germanie*, de Hongrie, de Bohême, Dalmatie, etc...

... Et le Sérénissime et Très-Puissant Prince Louis XIV, Très-Chrétien Roi DE FRANCE *et de Navarre*, avec ses Alliés, d'autre part ;

D'où s'est ensuivie une grande effusion de sang Chrétien, et la désolation de plusieurs provinces... Enfin il est arrivé par un effet de la bonté divine, que par l'entremise de la Sérénissime République de Venise, dont la Chrétienté n'a jamais manqué de recevoir de salutaires conseils dans les temps orageux, ces deux Potentats ont tourné leurs pensées à une paix générale. Et à cet effet l'an 1641, le 24 décembre (style nouveau) ou le 15 (style ancien) l'on était convenu à Hambourg que, le premier juillet (style vieux) ou 11 (style nouveau) 1643, on tiendrait une Assemblée de Pénipotentiaires à Munster et à Osnabrug...

... Après l'invocation du secours Divin et l'échange des Pouvoirs de tous les Plénipotentiaires en présence, et du consentement des Electeurs, Princes et Etats du Saint-Empire, pour la gloire de Dieu et le salut de la Chrétienté *a été arrêté ce qui suit :*

Qu'il y ait une *Paix Chrétienne* et *Universelle*, et une amitié perpétuelle, vraie et sincère, *entre Leurs Majestés Impériale et Très-Chrétienne*, — (c'est-à-dire entre l'Empereur et le Roi de France), — comme aussi entre tous et chacun des Allemands et Adhérents de sa dite Majesté Impériale, la Maison d'Autriche et *leurs héritiers et successeurs*, mais *principalement* **entre les Electeurs, Princes et Etats de l'EMPIRE** d'une part ; et tous et chacun des Alliés de Sa dite *Majesté Très-Chrétienne*, et tous leurs héritiers et successeurs, d'autre part...

Que cette paix et amitié s'observe et se cultive si sincèrement, que les deux Parties procurent le bien et l'honneur l'une de l'autre ; et que l'Empire et la France cultivent et fassent refleurir de toutes parts la bonne intelligence et le bon voisinage...

... Et afin que ladite Paix et amitié entre l'Empereur et le Roi Très-Chrétien s'affermisse d'autant mieux, et qu'on pourvoie à la sûreté publique, du consentement, conseil et volonté des Electeurs, Princes et Etats de l'Empire, pour le bien de la Paix, en est demeuré d'accord :

Premièrement que le **suprême Domaine**, *et tous les autres Droits sur les* Evêchés de METZ, TOUL *et* VERDUN, *et sur les* VILLES *de même nom et leur finage, nommément sur Moienvic, lesquels appartenaient ci-devant à l'Empire*, **APPARTIENDRONT à l'avenir à la COURONNE DE FRANCE**, et lui devront être **INCORPORES, à PERPETUITE IRREVOCABLEMENT**...

... En troisième lieu, l'**Empereur** *tant en son nom propre, qu'en celui de toute la Sérénissime Maison d'Autriche, comme aussi* l'**Empire, cèdent tous les Droits,** Propriétés, Domaines, Possessions et Juridictions, qui jusques ici ont appartenu tant à lui, qu'à l'Empire et à la Famille d'Autriche, *sur la ville de* **Brisack,** le **Landgraviat de la Haute et Basse-Alsace,** Suntgau, et la Préfecture Provinciale des dix Villes Impériales situées dans l'Alsace, savoir : Haguenaw, Colmar, Schletstadt, Weissemburg, Landaw, Oberenhaim, Rosheim, Munster au Val S. Grégoire, Kaiserberg, Turinghaim, et tous les villages ou autres Droits qui dépendent de la dite préfecture, **LES TRANSPORTENT TOUS** et chacun d'iceux au **ROI TRES-CHRETIEN** et au **ROYAUME DE FRANCE**, en sorte que la ville de Brisack, avec les villages d'Hochstat, Niederinsing, Hartem, et Acharren appartenant à la Communauté de Brisack, avec tout l'ancien territoire et banage, sans préjudice néanmoins des Privilèges et immunités accordés à la dite ville par la Maison d'Autriche.

Item, ledit Landgraviat de l'une et l'autre Alsace et Suntgau, comme aussi la Préfecture Provinciale des dix villes nommées et leurs dépendances ; *Item*, tous les vassaux, sujets, hommes, villes, bourgs, châteaux, maisons, forteresses, forêts, taillis, minières d'or, d'argent et d'autres minéraux, rivières, ruisseaux, pâturages, en un mot, tous les droits, régales et appartenances, sans réserve aucune, appartiendront au Roi Très-Chrétien, et **seront incorporés**

à perpétuité à la Couronne de France, avec toute sorte de juridiction et souveraineté, **SANS QUE L'EMPEREUR, L'EMPIRE,** la Maison d'Autriche, **ni aucun autre** *y puisse apporter aucune contradiction.* De manière qu'**aucun Empereur,** — ni aucun Prince de la Maison d'Autriche, — ne **pourra,** ni ne **devra jamais USURPER,** ni même **PRETENDRE** aucun droit et puissance sur les dits pays, tant **AU DELA** qu'*au deçà* **du Rhin,** » (... *Adeo ut nullus Imperator aut princeps, quicquam juris aut potestatis... cis et ultra Rhenum, ullo unquam tempore prœtendere possit.*)

⁂

Les articles suivants du *Traité* confirment la même cession. Par leur texte précis, l'*Empereur* et le *Duc d'Inspruch* renonçant au droit qu'ils prétendaient avoir sur ces pays, promettent d'y faire renoncer le *Roi d'Espagne.*

C'est ce qui se fit par la Paix des Pyrénées de 1659, car par l'article LXI de cette Convention, le Roi Catholique *renonce,* tant en son nom qu'en celui de ses successeurs, *à tous les droits qu'il avait ou pourrait avoir sur la* **Haute et Basse-Alsace,** le Sundgaw ou le Comté de Ferrete, Brise et ses dépendances, et sur *tous les pays,* places et droits qui avaient été délaissés et cédés au Roi Très-Chrétien par le *Traité* fait à Munster en Westphalie, le 24 octobre 1648, pour être *unis et incorporés à la Couronne de France.*

C'est de cette façon que la France acquit un nouveau droit sur l'Alsace, qui fut encore confirmé par le Traité de Riswick en 1697.

Voilà donc, à la fin du dix-septième siècle, l'Alsace-Lorraine « terre de France » depuis les origines géologiques de notre globe, (mais soumise aux Germains à partir de l'année 954 après J.-C.), — reconnue solennellement en 1648 par l'Empire Germanique lui-même, ainsi que par la Suède, l'Espagne, on peut dire l'Europe presque entière, comme « **perpétuellement** » rendue à la France, en même temps qu'il est déclaré que *jamais aucun Germain ne pourra « prétendre à aucun droit au-delà du Rhin »*.

Tels furent les engagements et les proclamations de Ferdinand II, *Roi* de Bohême et de Hongrie, en même temps qu'*Empereur*, — et de Ferdinand III, son fils, Roi de *Bavière* en même temps qu'*Empereur*, — comme aujourd'hui Guillaume II est *Roi* de Prusse en même temps qu'*Empereur*.

Certes, il n'est pas possible de réfuter plus fortement, une troisième fois, la thèse sophistique par laquelle les propagandistes Allemands s'efforcent de faire croire qu'en

1871 ils n'ont fait que *reprendre* l'Alsace-Lorraine comme étant leur « *propriété d'origine* » conquise sur eux par la France ! On ne peut toutefois trop dissiper les équivoques de la perfide politique allemande, qui ne se lasse jamais de répandre ses mensonges.

Aux preuves de la primitive et plus de vingt fois séculaire histoire ; à celles, particulières, du seizième et du dix-septième siècles, ajoutons celles du *dix-huitième*, encore plus saisissantes.

III

Les Plébiscites de l'Alsace-Lorraine

Ainsi que je viens de le dire, les enseignements politiques qui se dégagent des événements du dix-huitième et du dix-neuvième siècles sont plus décisifs encore pour condamner les prétentions des socialistes qui réclament un plébiscite comme condition nécessaire de la restitution de l'Alsace-Lorraine.

Au lieu de nous livrer à une polémique d'ailleurs trop facile, donnons la parole aux documents officiels eux-mêmes, dont le jugement est sans réplique.

Plaçons-nous en 1789 ; depuis le traité de

Riswick, 92 ans se sont écoulés ; nous sommes au lendemain de la célèbre nuit du 4 août où l'*Assemblée Nationale* a supprimé tout ce qui restait de privilèges féodaux, en consacrant ainsi les « *Droits de l'Homme et du Citoyen* ».

Consultons le procès-verbal de la séance du 5 août commencée à 9 heures du matin et terminée à 2 heures après minuit ; — voici un de ses passages les plus importants :

ASSEMBLÉE NATIONALE

Présidence de M. Chapelier.

Séance du mercredi 5 août 1789.

« *Les Députés de l'Alsace, notamment, ap-*
« *prouvent à l'unanimité* la renonciation
« aux privilèges.

« M. le Prince de Broglie, parlant au nom
« du clergé et de la noblesse d'Alsace, et
« MM. Rewbell et Bernard, députés des com-
« munes et villes impériales de la même
« province, ne s'étant pas trouvés hier en
« nombre, se sont réunis ce matin, et décla-
« rent adhérer à ce qui a été décidé hier par
« la pluralité des provinces. L'un d'eux a dit:
« Renoncer en ce moment aux privilèges de
« sa province, est un acte où il y a bien peu
« de mérite, car c'est devenir *plus Français
« encore, et le nom de Français est aujour-
« d'hui le plus beau nom qu'on puisse porter
« sur la terre !* » — (Vifs applaudissements.)

Plus de deux mois s'écoulent : la situation financière est devenue difficile ; ou-
vrons le compte rendu de la séance de l'Assemblée *Nationale,* le 12 octobre 1789 ; — en
voici quelques lignes :

« On lit la feuille des *dons patriotiques* ; il en a été offert par un grand nombre de Communautés *d'Alsace*, qui déclarent *vouloir rester pour toujours unies à la France*, renoncent à la diminution qu'opérera la contribution des privilèges faite à la décharge des pauvres contribuables, et veulent que le trésor public profite seul de cette augmentation. Ces Communautés terminent leur adresse par adhérer aux arrêtés de l'Assemblée nationale.

« La demande de la contribution patriotique a été surtout vivement applaudie. Ces Communautés avaient devancé l'intention de l'Assemblée Nationale ; elles *s'étaient imposées avant le décret*, et, à cette époque, la souscription montait à 10.000 livres.

« L'Assemblée ordonne l'impression de cette adresse, et autorise M. le Président à témoigner à ces Communautés les sentiments de sensibilité dont est animée l'Assemblée Nationale. »

Passons au compte rendu de la séance du *lendemain 13 octobre 1789* :

ASSEMBLÉE NATIONALE

Présidence de M. Fréteau.

Séance du mardi 13 octobre 1789.

Plusieurs Communautés de l'Alsace adressent à *l'Assemblée Nationale* une délibération qui est ainsi conçue :

« On nous a informés que le retard du
« payement des revenus publics et le dis-
« crédit des finances du royaume mena-
« çaient l'Etat des plus grands dangers...

« Nous avons pensé qu'il serait convena-
« ble, dans ces circonstances, de témoigner
« à l'Assemblée Nationale, dont nous admi-
« rons depuis longtemps les travaux en si-
« lence, notre adhésion à tous ses décrets
« et notre respectueuse reconnaisance pour
« tout le bien qu'elle a déjà fait à la Nation ;
« en conséquence, nous avons unanimement
« décidé de prier M. Kaufman, l'un de nos
« députés, de présenter notre hommage à

« *l'Assemblée Nationale*, de l'assurer de no-
« tre parfait et libre consentement à tous les
« décrets qu'elle a rendus et rendra encore
« par la suite; particulièrement à ceux du
« 4 août dernier et jours suivants, par les-
« quels l'Alsace se trouve entièrement unie
« et incorporée à la France, en détruisant
« les privilèges qui, sous certains rapports,
« nous faisaient encore regarder comme
« habitants d'une province étrangère. Nous
« le prions d'assurer *l'Assemblée* que *nous
« nous faisons gloire d'être Français* et de
« donner en toute occasion les preuves de
« notre *sincère attachement à la Nation que
« nous considérons comme la première du
« monde entier.* »

⁂

Les diverses déclarations qu'on vient de
lire font apparaître les habitants de l'Alsace

comme des « *Français* » par excellence en 1789, de même qu'ils n'avaient jamais cessé de l'être à aucune date de l'histoire ; — mais il y a mieux encore pour démontrer aux « *Teutons* » de 1918 et aux socialistes de France, combien les prétentions des premiers à l'Alsace-Lorraine et les exigences plébiscitaires des seconds sont condamnées non seulement par la nature des « choses », par le « droit », mais encore par les manifestations éclatantes des populations de l'Alsace-Lorraine renouvelées au dix-neuvième siècle d'une manière bien plus décisive encore que celle de leurs manifestations du dix-huitième.

Puisque les socialistes persévèrent, par leur récent ordre du jour, dans leur monstrueuse réclamation d'un *plébiscite* de la part des habitants de l'Alsace-Lorraine, pour qu'ils reconnaissent comme légitime la restitution à la France du territoire qui lui a été arraché par la force en 1871, nous sommes heureux de leur donner ici pleine satisfaction.

Le « Conseil National du Parti », — selon la formule de ces messieurs, — veut absolument que les Alsaciens-Lorrains fassent connaître par un vote spécial s'ils répudient leur annexion violente à l'Empire allemand et réclament leur retour à la Patrie Française ; — eh bien, leur réponse existe ; ils l'ont faite de la façon la plus retentissante en 1871.

Les Socialistes l'ayant oubliée, nous avons promis à ces Messieurs du « Conseil National du Parti Socialiste » de placer sous leurs yeux la teneur du PLÉBISCITE qu'ils exigent des Alsaciens-Lorrains pour savoir ce qu'ils pensent de l'acte de violence par lequel l'Allemagne a arraché à la France le territoire qui en faisait partie depuis tant de siècles et d'où leurs ancêtres avaient si vaillamment repoussé plusieurs fois les tentatives d'invasion des Barbares d'outre-Rhin.

Nous tenons aujourd'hui notre promesse, d'ailleurs sans difficulté, car nous n'avons rien oublié de ce que nous avons vu, tandis que nos Socialistes actuels sont assez heureux pour que leur jeunesse, — le bien qui les contient tous, — ne leur permette pas d'avoir connu un passé vieux de près d'un demi-siècle !

En effet, c'est pendant les premiers mois de l'année 1871 que se produisit d'une façon si tragique le glorieux PLÉBISCITE des Alsaciens-Lorrains, sous les formes répétées les plus décisives.

La première manifestation de leur inflexible et unanime volonté fut celle du 8 février 1871.

La convention d'armistice conclue à Versailles, le 28 janvier, entre Jules Favre et Bismarck, comprenait, pour la France, l'obligation de procéder le 8 février à l'élection d'une Assemblée Constituante devant se réunir à Bordeaux le 12 février.

Certes, si jamais élection s'était présentée dans des circonstances de nature à paralyser la liberté des votants, c'était à coup sûr, pour les Alsaciens-Lorrains, celle du 8 février.

D'un bout à l'autre, leur territoire était occupé par les troupes allemandes, dont « la manière » est trop connue par tout le monde pour qu'il soit nécessaire d'exposer quelle tyrannie brutale pesa sur les Citoyens appelés au scrutin sous les yeux de leurs envahisseurs, qui proclamaient chaque jour leur résolution de rester des maîtres définitifs.

La situation des électeurs était d'autant plus critique qu'ils avaient à se prononcer devant les Allemands, pour ainsi dire à haute voix, précisément sur leurs propres intentions envers eux. Le décret ne laissait aucun doute à cet égard en convoquant les électeurs qu'il déclarait « *chargés* de décider si la « guerre devait être continuée, ou à quelles « conditions la paix devait être faite ».

C'était vraiment être appelé à voter le couteau sur la gorge. Voici pourtant ce que fut le scrutin du 8 février 1871 dans l'Alsace-Lorraine à laquelle les Socialistes demandent aujourd'hui un plébiscite !

Elle comprend les territoires qui formaient alors les départements suivants :

La *Meurthe*, — chef-lieu Nancy ;

La *Moselle*, — chef-lieu Metz ;

Le *Bas-Rhin*, — chef-lieu Strasbourg ;

Le *Haut-Rhin*, — chef-lieu Colmar.

Deux ans auparavant, en 1869, ces mêmes

départements, comme tous les autres, avaient eu à nommer leurs députés, et voici les résultats comparés de leurs votes de 1869, en pleine paix, en brillante et sûre prospérité, et de leurs votes de 1871, après les pillages, les ruines, les pertes humaines de la guerre déchaînée depuis juillet 1870.

NOMBRE DES VOTANTS

	En 1869	En 1871
Meurthe	97.017	93.475
Moselle	89.986	83.671
Bas-Rhin	117.326	143.196
Haut-Rhin	105.449	99.847
Total	409.778	420.189

Ainsi, malgré les conditions si déprimantes où se trouva le corps électoral des quatre départements appelés l'Alsace-Lorraine depuis leur annexion, non seulement il se porta aux urnes avec un inflexible courage, mais en plus grand nombre qu'aux plus beaux jours !

Bien plus : le vote fut *unanime* dans les intentions de ces 420.189 électeurs ; *tous*, quelque nom qu'ils inscrivirent sur leur bulletin, avaient au fond de l'âme la même pensée, la même résolution, et leurs élus ne tardèrent pas à exprimer le mandat formel qu'ils avaient reçu.

Le 12 février, l'Assemblée Nationale élue le 8 se réunissait à Bordeaux : le vendredi 17, elle terminait l'organisation de son bureau, et aussitôt, un des plus énergiques députés du Haut-Rhin, Emile Keller, qui avait conduit dans les combats avec tant de courage son corps de francs-tireurs, demanda la parole *au nom de tous ses collègues* et s'exprima ainsi :

KELLER..... Voici, Messieurs, la déclaration qui nous est **dictée par le vote unanime de nos électeurs,** et que nous vous demandons de prendre en sérieuse considération... (*Très bien ! Très bien ! Applaudissements.*)

« Nous soussignés, citoyens français, choisis et députés *par les départements du Bas-Rhin, du Haut-Rhin, de la Moselle et de la Meurthe* pour apporter à l'Assemblée Nationale de France l'expression de *la volonté unanime des populations de l'Alsace et de la Lorraine,*

« Après nous être réunis et en avoir délibéré,

« Avons résolu d'exposer dans une déclaration solennelle leurs *droits sacrés et inaliénables,* afin que l'Assemblée Nationale, la France et l'Europe, ayant sous les yeux les vœux et les résolutions et les commettants, ne puissent consommer ni laisser consommer aucun acte de nature à porter atteinte aux droits dont un mandat ferme nous a confié la garde et la défense. »

« En effet, Messieurs, nous ne sommes ici que pour cela ; nos électeurs ne nous ont envoyés ici que pour attester que nous sommes et que nous resterons à jamais Français. (Nouveau Mouvement.)

DÉCLARATION

« 1. — L'Alsace et la Lorraine ne veulent pas être aliénées.

... « Tous unanimes, les citoyens demeurés dans leurs foyers comme les soldats accourus sous les drapeaux, les uns en votant, les autres en combattant, signifient à l'Allemagne et au monde l'immuable volonté de l'Alsace et de la Lorraine de rester françaises. » (Bravo ! Bravo ! à gauche et dans plusieurs autres parties de la salle.)

« II. — La France ne peut consentir ni signer la cession de la Lorraine et de l'Alsace. » (*Très bien !*) « Elle ne peut pas, sans mettre en péril la continuité de son existence nationale, porter elle-même un coup mortel à sa propre unité. »

... « En résumé, l'Alsace et la Lorraine protestent hautement contre toute cession. La France ne peut la consentir, l'Europe ne peut la sanctionner.

« En foi de quoi, nous prenons nos concitoyens de France, les gouvernements et les peuples du monde entier à témoin que nous tenons d'avance pour nuls et non avenus tous actes ou traités, vote ou plébiscite, qui consentiraient abandon en faveur de l'étranger de tout ou partie de nos provinces de l'Alsace et de la Lorraine; »

« Nous proclamons par les présentes à jamais inviolable le droit des Alsaciens et des Lorrains de rester membres de la nation française (*Très bien !*) et nous jurons, tant pour nous que pour nos commettants, nos enfants et leurs descendants, de le revendiquer éternellement et par toutes les voies, envers et contre tous usurpateurs. » Bravo ! Bravo ! *Applaudissements redoublés à gauche.*)

⁂

Voilà donc la décision formelle des 420.189 électeurs Alsaciens-Lorrains exposée en leur nom de la manière la plus saisissante par les 40 députés qu'ils avaient chargés de cette mission : — Quel **Plébiscite** fut jamais plus clair, plus « conscient », plus énergiquement fidèle expression de la volonté d'un peuple ?...

Les *Scrutins* du 8 février 1871 et la *Déclaration* du 17 février ne sont même pas les seules manifestations catégoriques de l'opinion des Alsaciens-Lorrains.

Elles furent bientôt suivies d'autres aussi décisives : jugez-en vous-mêmes :

Onze jours après, le mardi 28 février, au début de la séance, Barthélemy-Saint-Hilaire donne lecture des *préliminaires de paix* signés l'avant-veille, d'un côté, par Thiers et Jules Favre au nom de la France ; de l'autre côté, par Bismarck, au nom de l'Empereur d'Allemagne, roi de Prusse, par les Ministres du Roi de Bavière, du Roi de Wurtemberg, etc...

J'entends encore ces quelques mots de la tragique communication de Barthélemy-Saint-Hilaire, reçue par l'Assemblée avec une émotion profonde :

« Les pleins pouvoirs des deux parties contractantes ayant été trouvés en bonne et due forme, *il a été convenu ce qui suit*, pour servir de base préliminaire à la paix définitive à conclure ultérieurement :

PRELIMINAIRES DE PAIX

« ARTICLE PREMIER. — La France renonce en faveur de l'Empire Allemand à tous ses droits et titres sur les territoires situés à l'est de la frontière ci-après désignée :

(Suit une longue énumération des villes et villages.)

Puis :

« L'Empire Allemand possédera ces territoires à perpétuité, en toute souveraineté et propriété. »

« ART. 2. — La France payera à Sa Majesté l'Empereur d'Allemagne la somme de *cinq milliards* de francs... »

Tous les cœurs étaient angoissés : mais il fallait prendre d'urgence un parti ; la délibération fut renvoyée au lendemain, — les Alsaciens-Lorrains étant seuls inflexiblement résolus, — et voici comment ils se prononcèrent *de nouveau, à l'unanimité*, dans la séance - (inoubliable pour ceux qui, comme moi, y assistèrent), — qui s'ouvrit le vendredi 1ᵉʳ mars 1871, à midi 1/2 :

Dès le début, les protestations surgissent :

Scheurer-Kestner dépose une pétition d'Alsaciens habitant l'Allemagne, qui repoussent énergiquement toute annexion ;

Tirard dépose une même pétition des Alsaciens-Lorrains habitant *Paris ;*

Keller dépose une même pétition des Alsaciens-Lorrains de *Chambéry ;*

Bamberger, député de la Moselle et Strasbourgeois de naissance, « adjure l'Assemblée « de *repousser le traité de paix, ou de honte,* « qui est apporté devant elle ».

Alors intervient l'éminent député du Haut-Rhin, déjà chargé le 17 février de représenter l'Alsace-Lorraine tout entière : — écoutez sa parole qui retentit encore :

« KELLER. Messieurs, à l'heure solennelle
« où nous sommes, vous n'attendez pas de
« moi un discours ; je ne serais pas capable
« de le faire ; celui qui devrait parler à ma
« place, — car vous n'avez encore entendu
« aucun député de l'Alsace, — le maire de
« Strasbourg, le doyen de notre députation,
« à l'heure où je vous parle, se meurt de
« douleur et de chagrin ; son agonie est le
« plus éloquent des discours. (*Mouvement.*)

« Eh bien, quelle est la situation spéciale
« qui nous est faite ? J'entends dire : « Vous,
« députés de l'Alsace, vous pouvez voter
« contre le traité ; mais nous, nous le vote-
« rons ! »

« C'est vrai, nous avons quelque chose de
« spécial : notre honneur nous reste entier :

« pour *rester Français*, nous avons fait tous
« les sacrifices, et nous sommes prêts à les
« faire encore ; nous voulons être Fran-
« çais et nous resterons Français, et il
« n'y a pas de puissance au monde, il
« n'y a pas de signature, ni de l'Assem-
« blée, ni de la Prusse, qui puisse nous
« empêcher de rester Français... (*Très
« bien ! Applaudissements.*)

« ..... Est-il honorable de céder des popu-
« lations *qui veulent rester Françaises et
« qui, quand même, resteront Françaises ?*

« ..... J'ai tenu, avant de quitter cette
« enceinte, à *protester comme Alsacien et
« comme Français*, contre un traité qui, à
« mes yeux, est une injustice, un mensonge
« et un déshonneur et, si l'Assemblée devait
« le ratifier, d'avance j'en appelle à Dieu,
« vengeur des justes causes ! J'en appelle à
« la postérité qui nous jugera les uns et les

« autres ! J'en appelle à tous les peuples qui
« ne peuvent pas indéfiniment se laisser
« vendre comme un vil bétail ! J'en appelle
« enfin même à l'épée de tous les gens
« de cœur qui, le plus tôt possible, dé-
« chireront ce détestable traité ! » (Applaudissements sur plusieurs bancs de la
gauche.)

*
**

Il semble impossible de concevoir, de la
part des Alsaciens-Lorrains, un ensemble de
protestations plus complètes contre l'annexion de leur pays à l'Allemagne et de déclarations plus formelles de « rester Français, quoi qu'il arrive » ; — toutefois un acte
plus saisissant peut-être fut accompli, quelques instants après le discours de Keller : ce
fut le départ unanime des députés de l'Al-

sace-Lorraine ; — on ne saurait trop rappeler ce dramatique incident, que Jules Grosjean, l'intrépide défenseur de Belfort, député du Haut-Rhin, avait reçu mission d'accomplir et dont voici le compte rendu officiel :

M. Jules Grosjean, député du Haut-Rhin. — Messieurs, je suis chargé par tous mes collègues des départements de la Moselle, du Bas-Rhin et du Haut-Rhin, présents à Bordeaux, de déposer sur le bureau, après en avoir donné lecture, la déclaration suivante :

Bordeaux, le 1ᵉʳ mars 1871.

« Les représentants de *l'Alsace et de la Lorraine* ont déposé, avant toute négociation de paix, sur le bureau de l'Assemblée Nationale, une déclaration affirmant de la manière la plus formelle, **au nom de ces provinces, leur volonté et leur droit de rester Françaises.**

« Livrés au mépris de toute justice et par un odieux abus de la force, à la *domination de l'étranger*, nous avons un dernier devoir à remplir.

« Nous déclarons *encore une fois nul et non avenu un pacte qui dispose de nous sans notre consentement.* (*Très bien ! Très bien !*)

« La revendication de nos droits reste à jamais ouverte à tous et à chacun dans la forme et dans la mesure que notre conscience nous dictera.

« Au moment de *quitter cette enceinte où notre dignité ne nous permet plus de siéger* et malgré l'amertume de notre douleur, la pensée suprême que nous trouvons au fond de nos cœurs est une pensée de reconnaissance pour ceux qui, pendant six mois, n'ont pas cessé de nous défendre et **d'inaltérable attachement à la patrie dont nous sommes violemment arrachés.** » (*Vive émotion et applaudissements.*)

« Nous vous suivrons de nos vœux et nous attendrons, avec une confiance entière dans l'avenir, que la France régénérée reprenne le cours de sa grande destinée.

« Vos frères d'Alsace et de Lorraine séparés en

ce moment de *la famille commune, conserveront
à la France, absente de leurs foyers, une affec-
tion filiale jusqu'au jour où ils reviendront y
reprendre leur place.* » (*Nouveaux applaudissements.*)

Ont signé : « L. Chauffour, E. Teutsch, doc-
teur André, Ostermann, de Schneegans, E. Keller, Kablé, Melsheim, Boell, Titot, Albrecht, Al-
fred Koechlin, Verheim, A. Scheurer-Kestner,
Alphonse Saglio, Humbert, Kuss, Rencker, Des-
change, Boersch, A. Tachard, Th. Noblot, Dor-
nès, Edmond Bamberger, Bardon, Léon Gam-
betta, Frédéric Hartmann, Jules Grosjean. »

*
**

Après avoir appris, en lisant le résumé qui
précède, quelle fut la conduite de l'Alsace-
Lorraine, malheureusement trop ignorée des
Français qui n'ont pas vu de leurs yeux les
événements de 1870 et de 1871, quel homme
de bon sens, à quelque pays qu'il appar-

tienne, pourvu qu'il ne soit pas Allemand ou ami de l'Allemagne, pourrait croire que l'Alsace-Lorraine n'est pas restée absolument « terre de France », et qu'il serait encore permis de l'interroger sur son opinion nationale sans lui adresser le plus odieux outrage, et sans faire preuve d'une monstrueuse incompréhension de ce que sont le « *droit* » et la « *vérité* » ?

1er mars 1918.

TABLE DES MATIÈRES

I. L'Alsace-Lorraine, Terre de France.......... 7
II. La Restitution de l'Alsace-Lorraine.......... 23
III. Les Plébiscites de l'Alsace-Lorraine.......... 35

PARIS. — IMPRIMERIE LEVÉ, RUE DE RENNES, 71.

www.ingramcontent.com/pod-product-compliance
Lightning Source LLC
LaVergne TN
LVHW021734080426
835510LV00010B/1256